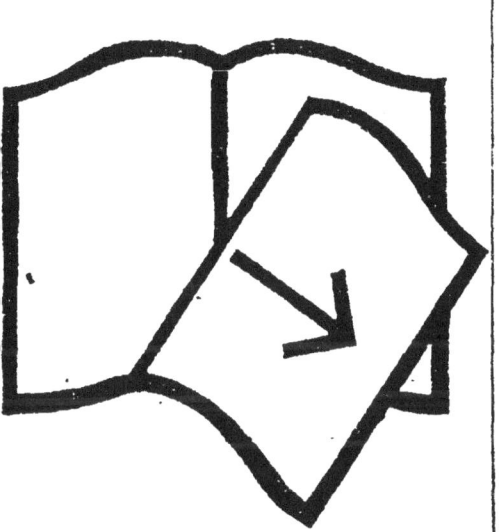

Couverture inférieure manquante

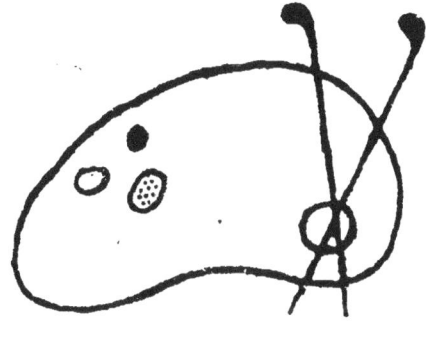

Début d'une série de documents en couleur

LE CENTENAIRE

DE

L'Assemblée de Vizille

(21 Juillet 1788)

PAR

GEORGES PICOT

Membre de l'Institut

PARIS
LIBRAIRIE HACHETTE
1888

Quarante centimes

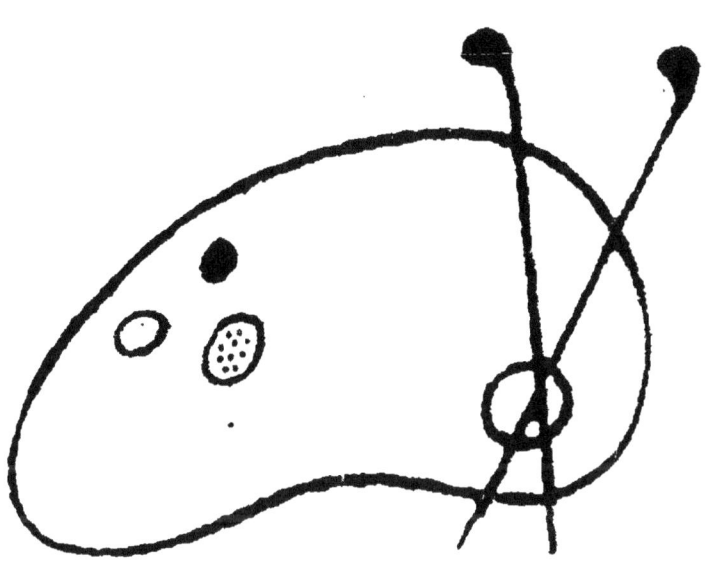

Fin d'une série de documents en couleur

LE CENTENAIRE

DE

L'Assemblée de Vizille

(21 Juillet 1788)

PAR

GEORGES PICOT

Membre de l'Institut

GRENOBLE

IMPRIMERIE BREYNAT & Cie

Avenue de la Gare

1888

Extrait de la *Revue des Deux Mondes*
du 15 Juillet 1888

LE CENTENAIRE
DE
L'ASSEMBLÉE DE VIZILLE

21 Juillet 1788

Le siècle est fini et les apothéoses commencent. Tous les événements vont repasser devant nos yeux, avec une lenteur impitoyable, comme en une revue fantastique défilent les guerriers morts. Chacune de nos dates se lèvera à son tour, ressuscitant avec elle tout un monde de souvenirs, les uns pleins d'illusions, d'espérances et de promesses, les autres de menaces, d'autres enfin tout dégouttants de haine et de sang.

L'assemblée de Vizille a été le signal de la Révolution française. Dans quelques jours, on célèbrera, à Vizille même, les cent ans écoulés ; on parlera de nos pères, de leur patriotisme, de leurs vertus, des libertés conquises, du despotisme écrasé. Ce sera le premier des anniversaires ; il nous rappellera ces conciliations de la première heure, qui n'évoquent en nos âmes que des images paisibles. Dans cette apparition du passé, il nous semblera entrevoir pour un instant la véritable figure de 89, souriante et animée, pleine de grandeur et d'espoir, celle qui a ravi nos pères, dont le souvenir les a soutenus dans la mauvaise fortune et qu'aucune déception n'a pu effacer de leurs cœurs.

Ensuite les mois s'écouleront, le bruit deviendra plus fort, l'enthousiasme croîtra avec la foule ; il n'y aura pas assez d'admiration pour les vainqueurs de la Bastille, assez d'opprobres pour les vaincus. On aura soin de laver certaines taches, de voiler certaines images. Puis le temps marchera ; les souvenirs deviendront de plus en plus sombres: 10 août, 2 septembre, heures néfastes qui retentissent à nos oreilles et qui trouveront, elles aussi, des flatteurs et des courtisans. Ce n'est pas tout : nous devrons expier une à une nos humiliations, revoir l'année 1793, non pas aux frontières où battait le cœur de la France, mais au tribunal révolutionnaire, et au moment où nous souffrirons le plus, il nous faudra supporter les cris de joie et les cris de haine.

A la veille de cette représentation poignante, l'heure n'est-elle pas favorable à une sérieuse étude? Au milieu de la mêlée des passions contemporaines, qui sont l'écho des colères du passé, nous pensons qu'il y a place pour un jugement étranger à tout esprit de parti, aussi éloigné des acclamations banales que des condamnations sans merci. A des tableaux de fantaisie, il est temps d'opposer les faits. Aux flatteries qui corrompent, il faut substituer les leçons qui éclairent. Chercher le vrai, le découvrir, le dire à propos, s'en souvenir toujours, en tirer un plan de conduite, telle est la seule règle de la sagesse, tel est le devoir de l'histoire en des temps troublés.

I

La Révolution et le caractère national

De toutes les secousses de l'humanité, la plus mystérieuse, la plus fertile en contrastes, est assurément la Révolution. Procédant à la manière des religions, elle a excité le fanatisme, fait des prosélytes, créé une propagande ; elle a ses légendes, ses saints et ses martyrs. Que de braves gens obscurs sont persuadés qu'elle porte en elle le secret qui assurera la rénovation de nos destinées ! Aussi toutes les réformes, pour devenir populaires, ont-elles soin de prendre cette étiquette. Tous les ambitieux s'en servent, tous les candidats l'exploitent. Autrefois, il y avait beaucoup de traditions en France ; de notre temps, il n'y en a que deux : la Révolution et le pouvoir absolu. A y regarder de près, les deux termes ont toujours le même sens : pour être acclamé, un César doit se déclarer le soldat de la Révolution. Au fond, la masse du peuple croit volontiers que tout date de 1789, son affranchissement, son histoire et sa vie.

A cette popularité prodigieuse répond une haine égale : — La France, la vraie, la seule digne d'hommage, a péri en 1789. Victime d'un principe de mort, elle porte dans son sang un venin fatal; elle n'a plus rien de ce qui a fait sa gloire. Elle se retrouvera peut-être un jour, si elle parvient à rejeter le poison qui la tue. Jusque-là, elle est condamnée à un supplice digne des enfers. Nouveau Sysiphe, elle s'épuise à rouler son rocher, sans parvenir jamais à trouver l'équilibre. Si la France ne revient pas en arrière, si elle n'abjure pas ses erreurs, si elle ne maudit pas tout ce qu'elle a adoré, elle est à jamais perdue.

Tel est le double thème de tous nos déclamateurs politiques; chacun des anniversaires va être salué des mêmes enthousiasmes, auxquels répondront les mêmes malédictions. De chaque camp sortiront des cris de colère! Des docteurs de la science politique, se disant modérés, professeront gravement qu'un gouvernement pondéré n'est posssible que s'il n'est pas attaqué, que tout le mal vient des anciens partis, que la liberté ne pourra être édifiée que sur leurs ruines. La France ne sera sauvée, elle ne sera gouvernable que si la faction adverse disparaît, si elle est réduite à néant. « Ecraser ses adversaires, » c'est le mot d'ordre de chaque parti.

Parole détestable qui résonne comme le clairon de la guerre civile ! On n'écrase pas ses adversaires. Si la force convertissait les nations, la Convention aurait dû réussir. On sait comment elle avait supprimé ses ennemis : tous ceux dont elle n'avait pas fait tomber la tête avaient émigré. D'où sortait donc la majorité royaliste des élections de l'an V ? Si la force convertissait les nations, la France eût été bonapartiste en 1814. Si la force avait une vertu quelconque sur les hommes, aucun de nos gouvernements ne serait tombé. Dira-t-on que la Convention a usé d'armes trop faibles ; que le premier empire n'a pas voilé le despotisme d'assez de gloire, que le second n'a pas appelé assez souvent à son aide le poids écrasant des votes populaires ? Tous les moyens ont été mis au service de la force ; la terreur pour plier les âmes, la victoire pour les séduire, l'habileté pour les corrompre, et rien n'a prévalu. Ne parlez donc plus, quelles que soient vos préférences, d'écraser vos adversaires : le moyen ne réussissait même plus au XVIe siècle. Il faut se résigner à les convaincre. C'est beaucoup plus long, mais chacun y gagne. Dans les temps où nous entrons, il n'est inutile pour personne de savoir un peu mieux d'où vient notre société contemporaine. Cette étude aidera peut-être à découvrir quels sont les principes de bon sens sur lesquels on peut la rétablir.

Elle est née de l'antique alliance du peuple et du roi, réunissant leurs forces contre la noblesse. Depuis l'affranchissement des communes jusqu'à Louis XIV, l'effort contre la féodalité a été continu. Le Tiers-État s'est formé à cette rude école ; le souverain, chef de l'armée, vivant et combattant au milieu des seigneurs, aurait abandonné plus d'une fois le Tiers à ses seules forces : François Ier ne se souciait guère du peuple ; les Valois préféraient leurs plaisirs ; mais les gens du roi veillaient ; le parlement n'a pas déserté un seul jour son rôle de gardien des droits du roi. Il a créé, sous le nom du prince, l'idée de l'Etat ; il l'a défendue à sa naissance, il a travaillé à son développement, et le peuple, voyant son salut dans le patronage royal, a pris l'habitude d'invoquer contre les possesseurs de fief la justice souveraine.

Les mœurs de la nation, à l'heure même où nous sommes, ne s'expliquent que par cette lutte de plus de six siècles contre la féodalité. La passion de l'ordre administratif, de la centralisation, de l'égalité elle-même, est née d'une réaction contre la diversité des pouvoirs, contre la multitude des privilèges. Pour la noblesse, l'idéal était l'indépendance du fief ayant haute et basse justice. Le Tiers voulait que tous fussent soumis comme lui à la justice du roi. Il se souciait assez peu de garanties ; n'était-il pas sûr du parlement ? A part quelques esprits distingués, penseurs et philosophes, nul écrivain sorti du Tiers-Etat ne s'est plaint de la tyrannie royale.

Quand une nation formée de tribus guerrières a subi la forte discipline de la domination romaine, qu'elle en a reçu une si profonde empreinte, qu'elle a pu s'assimiler les restes de l'invasion barbare et donner naissance à un empire organisé tel que celui de Charlemagne ; que, morcelée de nouveau, elle a fait prévaloir par un effort ininterrompu les principes mal effacés du droit romain, et que du XIIe au XVIIe siècle, sans un jour de défaillance, elle a suivi le même dessein, elle est certes excusable, lorsqu'elle a accompli de si grandes choses, de n'avoir pas au même degré le sens de la liberté.

Ceux qui le lui reprochent ne cessent de lui montrer l'exemple d'une nation voisine.

Toute l'histoire de l'Angleterre est tournée en sens inverse de la nôtre. Tandis que le peuple de France, conduit par le roi, montait à l'assaut de la féodalité, les Anglais, conduits par leur noblesse, attaquaient la tyrannie royale. La grande charte est la capitulation de la royauté devant la coalition des barons et du peuple. La durée de la lutte n'a pas été moins longue ni les effets moins décisifs : des deux côtés de la Manche, les coalitions ont atteint leur but et les caractères ont gardé la marque des passions héréditaires.

Le Français, indulgent pour le pouvoir absolu, déteste la noblesse ; l'Anglais, dont toutes les lois portent la trace de la méfiance contre le pouvoir royal, dont la constitution a refusé au roi tout droit et ne lui a laissé qu'un prestige, l'Anglais a respecté jusqu'à notre temps son aristocratie qui lui rappelle ses luttes et son histoire. Les privilèges qui nous choquent ne le blessent point. L'inégalité lui a été d'un tel profit qu'il y voit, non une menace, mais une garantie.

Interrogez un Français ignorant de l'histoire, vous serez effrayé d'entendre ce qu'il vous dira de la noblesse, quelles haines fermentent encore en lui, alors que, depuis un siècle, il n'est plus question d'un droit féodal. Si quelque abus l'irrite, demandez-lui son remède : il vous parlera d'un maître. Interrogez un Anglais aussi peu lettré, il ne montrera contre l'aristocratie ni colère ni envie. Qu'un abus l'atteigne, il aura recours à une association formée pour le combattre et vous citera quelque lord qui se sera rendu populaire en la fondant.

Il faut que les théoriciens qui nient l'influence de l'histoire s'y résignent. C'est l'histoire, ce sont les précédents qui ont préparé de la sorte l'esprit français : il a toute une éducation à faire pour apprendre à user de la liberté ; il y parviendra, soyez en sûr, avec le temps. En calculant les moindres périodes, en additionnant tous ses efforts entrecoupés, nous ne pouvons lui accorder plus d'un demi-siècle d'expérience. Qu'est-ce que cela dans la vie d'une nation ?

Qu'on ne parle donc pas de races incapables d'user de la liberté et de nations douées à leur berceau de tous les dons. Ce qui est vrai, c'est que l'histoire d'un peuple, la loi de son développement, ont favorisé en lui l'épanouissement de certaines facultés. L'Anglais a su être libre ; il n'a pas encore pu achever tout près de lui le travail de son unité. Son échec est tel qu'après sept cents ans d'efforts, il se décourage en se sentant impuissant à s'attacher l'Irlande. Le Français n'a pas su se gouverner, mais il a su faire la France, l'organiser, l'administrer et se l'assimiler ; le peuple et le roi ont fait l'unité nationale.

En présence de ces faits, comment nier que de l'éducation des siècles sorte l'aptitude des races ?

II

Influence intermittente des Etats Généraux

Est-ce à dire que le roi et le Parlement aient toujours suffi à la nation ? qu'elle n'ait jamais conçu la pensée d'un contrôle ? Qui le croirait connaîtrait bien mal notre histoire. Les Etats-Généraux, réunis d'époque en époque, ont en quelque sorte interrompu la prescription, en prouvant que les esprits éclairés voulaient participer au gouvernement et assurer à une assemblée périodique le vote de l'impôt. Le peuple les souhaitait comme un remède suprême dans les grandes crises. Le roi les accordait, et son édit provoquait une joie universelle. Les doléances affluaient de toutes parts. Les députés réunissaient leurs cahiers et leurs espérances. La royauté demandait des subsides, les obtenait en échange de promesses d'édits ; si les trois ordres menaçaient de se lier pour arracher une concession, il était facile de susciter quelque querelle qui empêchait l'accord, et la session était close. Commencée sous les plus heureux auspices, l'assemblée finissait trop souvent au milieu de la fatigue et des récriminations des députés.

Selon que l'historien consulte le jugement des contemporains à la veille ou à la fin d'une session, tout diffère. L'homme qui se fie trop vite au succès passe de la présomption au découragement. De l'inexpérience des états sortait très vite la lassitude ; mais si les Français ne connaissaient ni le maniement, ni la science des assemblées, en revanche ils ont eu l'art de dresser des doléances qui forment un monument de leur sens pratique. Rois et ministres y ont largement puisé. Il est aujourd'hui établi que les grandes ordonnances sont sorties de cette incomparable collaboration ; ces rapprochements échappaient aux contemporains.

En 1614, les Etats-Généraux avaient mal fini, les querelles des ordres, l'impuissance reconnue du Tiers en face de la coalition du Clergé et la Noblesse, avaient laissé de si fâcheux souvenirs que le peuple se refusa à les demander, quand les gentilshommes en réclamaient, en 1651, la convocation, pour faire pièce au Parlement et à Mazarin. Sous Louis XIV et Louis XV, la monarchie était devenue absolue ; il ne s'éleva pas un cri pour en réveiller le souvenir. Un prélat dans des écrits secrets, un duc et pair dans ses mémoires, quelques amis dans les épanchements de conversations intimes, osaient seuls en prononcer le nom tout bas et en souhaiter le retour. C'était comme une sorte de légende des anciens âges, comme un rêve du passé auquel il était interdit de songer. Avec un règne nouveau, sous des ministres plus jeunes, on vit reparaître le mirage de l'âge d'or. La cour des aides, dans ses fameuses remontrances de 1775, osa l'évoquer ; mais l'heure n'était pas venue, et tout retomba dans l'oubli.

Dix ans s'écoulèrent, les embarras s'étaient multipliés ; on les avait tenus secrets ; puis un jour la vérité éclata, une alarme subite s'empara du pays. La veille, l'engourdissement semblait général (1). Le lendemain, la léthargie avait fait

(1) Consultez sur l'état étrange de l'opinion publique découragée et abattue : *la chute de l'ancien régime*, par M. Chérest. En 1785 et 1786, il semblait qu'on fût très loin de la Révolution. La révélation du déficit et la convocation des notables ont tout changé en quelques jours.

place à la fièvre. On s'était senti au bord de l'abîme. En présence d'un déficit effroyable, d'une banqueroute possible, d'une ruine sans remède, d'un gouvernement sans direction, après six mois d'agitation dans le vide, qui avaient révélé à la fois l'incapacité des notables, l'ignorance du ministère, les intrigues de la cour, et, au-dessus de tous ces éléments en lutte, l'incurable indécision du roi, à l'heure de crise enfin où la nation s'apercevait à la fois de tous ses maux, où tout manquait : traditions et hommes, institutions et princes, où il n'y avait rien qui ne parût usé, perdu, vieilli et déconsidéré, le mot magique qui avait ému la France pendant quatre siècles était jeté en pâture à l'opinion publique.

Entre l'arrêt du Parlement réclamant les États-Généraux et l'assemblée de Vizille, une année se passe, toute consacrée à des luttes en apparence stériles, qui, en réalité, contiennent en germe toutes les passions; l'autorité de la cour décline, celle des magistrats s'accroît et ils l'emploient à faire l'éducation révolutionnaire de la France. Refus d'enregistrer, lettres de jussion, lits de justice, protestations, exil, puis rappel du Parlement, tous les actes publics des magistrats en faisaient les défenseurs des contribuables et du libre vote de l'impôt. De maladroites arrestations les rendirent tout d'un coup les champions de la liberté individuelle.

L'émotion gagna les parlements de province. Le ministère résolut de les frapper tous à la fois. Un coup d'Etat fut décidé : enlever aux parlements le droit d'enregistrement et une part de leurs attributions judiciaires; confier la compétence à de grands bailliages, joindre à ces mesures des réformes généreuses, telles que l'abolition des vestiges de la torture, attribuer la vérification des édits à une cour plénière composée de quelques magistrats et de beaucoup d'officiers de la couronne, tel était le plan mal conçu qui fut annoncé en un lit de justice tenu à Versailles le 8 mai 1788.

Les Parlements protestèrent : partout la noblesse prit parti en leur faveur ; à Pau et à Rennes où les parlements étaient populaires, où les états de Béarn et de Bretagne avaient une grande influence ; à Grenoble, où les états de Dauphiné, supprimés sous Louis XIII, avaient laissé de profonds souvenirs, des émeutes éclatèrent. Comment résister ? Le corps d'officiers partageait les sentiments de la noblesse, la foule entourait les soldats, les chefs eux-mêmes, commandants de province ou intendants, s'excusaient humblement de la mission qu'ils étaient contraints d'accomplir. L'émeute du Dauphiné fut la plus vive ; des lettres de cachet avaient exilé les magistrats : Grenoble réinstalla de force son Parlement ; le sang coula dans la « Journée des Tuiles ».

Pour le ministère, ces symptômes précurseurs n'étaient que des incidents inévitables et sans portée. L'incurable optimisme de Brienne essayait de s'en accommoder : il répétait que le ministère aurait le dernier mot. D'ailleurs que pouvaient faire les parlements ? N'avaient-ils pas épuisé tout leur arsenal de remontrances et d'arrêts ? La lutte semblait finir faute de combattants. De la fatigue générale allait naître la paix.

Ces illusions étaient les dernières : elles devaient être promptement dissipées.

III

Mounier et l'assemblée de Vizille

Ce fut le Dauphiné qui se chargea de recommencer les hostilités. Il s'y trouvait des âmes fières et capables de prendre des résolutions viriles. Dans les heures troublées, il suffit d'un seul homme pour changer le cours des événements, pour donner du cœur à une assemblée, pour réveiller par une initiative hardie les courages endormis de toute une province.

En juin 1788, Mounier fut cet homme. Il avait trente ans; sa santé l'avait obligé, malgré des succès, à quitter le barreau. Juge royal à Grenoble, il consacrait ses loisirs à des études poursuivies gravement, sans chercher le bruit et avec un désir personnel de s'instruire. Entre Montesquieu et Blackstone, il étudiait la constitution anglaise en fuyant les paradoxes de Rousseau, et se demandait pourquoi la France qui trouvait dans les vieilles formes de la monarchie les germes de la liberté, ne pouvait pas les développer, en ayant, elle aussi, sa grande charte. Doué d'une éloquence naturelle, il avait une âme ardente, tempérée par le bon sens. « C'était, suivant Mme de Staël, un homme passionnément raisonnable. » Au milieu du désarroi qui suivit la Journée des Tuiles, il vit ce qu'il y avait à faire, agit vite et frappa juste (1).

Grenoble n'était plus gouverné. Le Parlement, rétabli par la foule, s'était empressé, l'émeute calmée, d'obéir aux lettres de cachet. Le Corps de ville prit en main l'autorité, convoqua le conseil général de la cité, ainsi que des membres du Clergé, de la Noblesse et du Tiers. Après douze heures de délibération, Mounier fit décider à l'unanimité la convocation à Grenoble d'une assemblée des trois ordres de la province avec doublement du Tiers (14 juin). Les adhésions affluèrent de toutes parts.

(1) Une étude importante a été récemment consacrée au député de Grenoble par M. Léon de Lansac de Laborie. Ce jeune historien a peint à merveille le caractère de Mounier. Paris, 1887; Plon.

Les Dauphinois avaient mis en mouvement une force que ne pouvaient paralyser ni lettres de jussion, ni ordres du roi. En vain Brienne crut-il arrêter le courant en mandant à la suite de la cour les deux premiers consuls, en intimant aux autres la défense de tenir des assemblées, en envoyant dans une forteresse le maire de Romans; ces mesures ne firent que surexciter les esprits. Sous le coup des lettres de cachet, une nouvelle réunion, convoquée à l'hôtel de ville, fixa au 21 juillet l'assemblée générale de la province; elle devait se tenir en un couvent situé aux portes de Grenoble, où reposaient les restes de Bayard. Tel était l'enthousiasme de ce temps, qu'on voulait se lier par un « serment d'union, de fidélité et de constance », sur le tombeau du chevalier sans peur et sans reproche.

Chaque effort de l'autorité tournait contre elle. Un arrêt du conseil défendant les assemblées ayant été affiché, la foule le déchira. Ce fut le premier président de la chambre des comptes du Dauphiné qui, élevant la voix pour protester, rappela que le privilège le plus cher à cette province était le droit de s'assembler en corps des trois ordres pour traiter des affaires publiques qui intéressent le souverain et le pays.

Ainsi tout ce qui pensait, tout ce qui tenait une plume, tous ceux qui avaient une part d'influence apportaient leurs suffrages et leurs vœux aux préparatifs de l'assemblée. Le torrent était impétueux. Pour l'arrêter, le ministère voulut joindre aux déclarations des actes ; il ne se contenta pas de faire casser les délibérations de l'hôtel de ville, de les proclamer nulles, et d'interdire aux villes, bourgs et villages d'envoyer aucun député à Grenoble. Appuyant ces mesures de l'envoi de régiments, il mit à la tête de la province le maréchal de Vaux, vieux soldat, couvert de blessures, connu pour son courage, et qui obtiendrait des troupes tout ce que lui inspirerait son énergie.

A peine arrivé, sa surprise fut extrême. Au lieu de factieux qu'il s'apprêtait à châtier, il trouvait autour de lui des gentilshommes pleins de respect pour le roi ; il questionna l'intendant, interrogea les officiers, tous ceux qui connaissaient la province. En deux jours, son opinion fut faite. Elle est d'un grand poids, et doit être retenue par l'histoire. Il se hâta d'écrire à Versailles la vérité. Il lui était impossible d'empêcher la réunion d'une assemblée que tout le monde était d'accord pour vouloir avec passion. Son prédécesseur avait tenu une conduite sage ; en évitant les chocs, il avait épargné de grands malheurs.

Le maréchal avait été envoyé en Dauphiné pour faire triompher la force. Deux jours après son arrivée, il ouvrait les négociations. Pour les appuyer, il resserrait les cantonnements du corps d'armée qu'il commandait. En même temps, il faisait savoir que si l'assemblée se tenait à Grenoble ou dans le rayon de son quartier-général, il l'empêcherait par la force ; qu'il n'y mettrait point obstacle, si les députés se réunissaient à quelque distance, hors de la portée d'un coup de main populaire. Cette transaction fut acceptée, et M. Claude Périer, l'un des plus riches industriels de la province, mit à la disposition de ses compatriotes le manoir du connétable de Lesdiguières, situé à quatre lieues de Grenoble.

Cette vaste et noble résidence avait été créée par un des plus vaillants serviteurs d'Henri IV. Conservée dans sa descendance, elle avait été vendue depuis peu ; elle semblait à jamais vouée aux souvenirs du connétable. C'est pourtant le 21 juillet 1788 que le nom de Vizille devait entrer dans l'histoire pour y demeurer attaché à la manifestation la plus pure qu'ait éclairée l'aurore de la Révolution.

Le 21 juillet, à huit heures du matin, 540 membres prenaient place dans la salle du Jeu-de-Paume, qui occupait une aile du château. On comptait 50 ecclésiastiques, 165 gentilshommes, 325 députés des villes et communautés. Le comte de Morges fut élu président ; Mounier fut choisi par acclamation comme secrétaire. Les pouvoirs ayant été vérifiés, lecture fut donnée des délibérations dressées à l'Hôtel de Ville de Grenoble, puis la discussion s'ouvrit. Trois projets de remontrances au roi furent présentés ; celui de Mounier l'emporta. Pour en revoir le texte, une commission fut nommée et la séance suspendue à trois heures (1).

La nuit tombait lorsqu'on apprit que les commissaires avaient terminé leur rédaction.

Dès la reprise de la séance, Mounier lut les propositions. Dans un premier arrêté, les états recherchaient leurs propres titres dans l'histoire du Dauphiné ; rappelant avec fierté les antiques souvenirs des états de leur province, ils s'ap-

---

(1) Voir, sur l'assemblée de Vizille, l'intéressant ouvrage que vient de publier M. J.-A. Félix Faure, Paris, 1887 ; Hachette. Tous les procès-verbaux et tous les arrêtés de Vizille s'y trouvent pour la première fois intégralement reproduits.

puyaient sur les traditions, montraient toutes les garanties faussées, le parlement exilé, toutes les forces détruites, et concluaient que cette vieille institution pouvait seule les protéger. Assurément, ils essayaient en vain de démontrer qu'en l'absence de convocation royale, ils eussent le droit de s'assembler spontanément ; mais toutes les autorités de la province n'étaient-elles pas paralysées et menacées à la fois ? Sans cette initiative, que fussent devenus les privilèges et la sécurité du Dauphiné ?

Après avoir attesté leur fidélité au trône, leur attachement aux principes de la monarchie, ils proclament la vieille « loi fondamentale, aussi ancienne que le royaume, que les Français ne peuvent être imposés sans leur consentement ». Aux états provinciaux doit appartenir la levée des subsides, aux Etats-Généraux seuls le droit de s'instruire de la situation générale des finances, de proportionner les impôts aux besoins réels, d'en voter le montant. La liberté des personnes n'attirait pas moins vivement leur attention ; les députés protestaient contre toute violation de la liberté individuelle, s'élevant contre les lettres de cachet et les ordres arbitraires, « actes de violence qu'on ne saurait respecter sans mépriser les lois ».

A ces affirmations que contenaient la plupart des remontrances, les états ajoutèrent une sanction qui leur appartient en propre : « Arrêté, disent-ils, que les trois ordres de la province, empressés de donner à tous les Français un exemple d'union et d'attachement à la monarchie, prêts à tous les sacrifices, n'octroieront les impôts, par dons gratuits ou autrement, que lorsque leurs représentants en auront délibéré dans les Etats-Généraux du royaume ».

A côté du vote de l'impôt était inscrit le doublement du tiers ; pour la première fois, le principe est proclamé : « dans les états de la province, les députés du Tiers-Etat seront en nombre égal à ceux des deux premiers ordres réunis. » C'était l'affranchissement politique du troisième ordre. Minorité opprimée pendant des siècles, il devenait maître de la majorité, et, grâce à elle, tout-puissant dans l'État.

Non contents de formuler ces principes pour le Dauphiné, les députés déclaraient que les trois ordres réunis à Vizille ne sépareraient jamais leur cause de celles des autres provinces, et qu'en soutenant leurs droits particuliers, « ils n'abandonneraient pas ceux de la Nation ». Pour la première fois, une province stipulait pour tout le royaume. Enfin, les commissaires proposaient à l'assemblée de s'ajourner au 1ᵉʳ septembre.

Une adresse au roi fut ensuite soumise aux délibérations ; elle reprenait chacun des griefs sous une forme moins brève, mais avec non moins d'insistance, réclamant la convocation prochaine des États-Généraux, accablant les ministres sous de violentes accusations, séparant le roi de ses conseillers, les rendant seuls responsables de tous les maux et renouvelant les témoignages d'une inviolable fidélité envers le trône.

Des acclamations accueillirent ces lectures. Mounier avait été l'âme de la commission. Son esprit sage et ferme avait inspiré toutes les résolutions. Ce qu'il y avait d'essentiel était proclamé ; les questions irritantes se trouvaient omises. Les arrêtés allaient droit au but. Toute une province exprimait, par la voix de ses députés, l'ardeur de ses sentiments.

La discussion fut courte et ne servit qu'à constater l'unanimité des votes et des convictions. Mounier remercia, au nom du Tiers-État, le Clergé et la Noblesse de leur zèle pour maintenir l'union entre les ordres, et ses paroles furent couvertes d'applaudissements. La nuit était fort avancée. Elle s'achevait au moment où le procès-verbal recevait les dernières signatures. La séance avait duré dix-huit heures.

Tel était l'élan des âmes, que nul de ceux qui furent les spectateurs de ces premiers enthousiasmes n'en perdit la mémoire. Parmi les assistants admis dans le fond de la salle, il y avait des cœurs jeunes que cette scène marqua d'une empreinte ineffaçable : Camille Jordan avait dix-sept ans ; l'aîné des fils de M. Périer quinze ans ; ses frères l'entouraient. Qui sait ce que cette séance de nuit, l'éloquence de Mounier, l'entraînement de l'Assemblée, ces maximes fortes et sages au service d'une conduite hardie, cette politique à la fois ardente et raisonnable ont laissé de germes dans ces âmes ? Qui oserait affirmer, que trente et quarante ans plus tard, les politiques, l'orateur de la restauration, l'homme d'État qui apprit à sa génération comment on dompte l'anarchie et les partis sans sacrifier aucun des droits de la liberté, ne se souvenaient pas de ce qu'ils avaient ressenti, enfants, dans le coin de la salle de Vizille ?

« L'explosion de la poudre, dit un contemporain, n'est pas plus prompte que celle que firent dans l'opinion les arrêtés de Vizille. M. Mounier, qui en avait été le rédacteur, eut en quinze jours une étonnante réputation (1). » Le procès-verbal de l'assemblée, répandu par toute la France, y excita en effet une émotion indicible. En un instant, tout ce que souhaitait l'opinion, tout ce qu'elle cherchait au milieu du désarroi général, lui apparut sous une forme précise. Les sentiments les plus nobles qui entraînaient tous les ordres de l'État avaient trouvé leur formule.

A Versailles, le contre-coup fut tel, qu'en peu de jours tout changea. Le 2 août, douze jours après l'Assemblée de Vizille, le roi convoquait à Romans les trois ordres du Dauphiné. Le 8 août, la cour plénière était suspendue et les États-Généraux étaient convoqués pour le 1er mai 1789. Brienne essayait encore de ressaisir le pouvoir et de se venger : il venait d'ordonner l'arrestation de Mounier et du comte de Morges, quand il fut lui-même renversé et remplacé par Necker.

Un mois après la tenue de l'Assemblée, que d'un bout à l'autre du royaume la reconnaissance publique nommait « les États de

---

(1) Bertrand de Molleville, *Histoire de la Révolution Française*, 1, p. 360.

Vizille », le Dauphiné avait recouvré ses antiques Assemblées, la France ses États-Généraux, et la Monarchie avait rappelé dans ses conseils le seul ministre qui pût encore la sauver.

IV

Caractère particulier de la Révolution dauphinoise

Quel était donc le trait particulier des résolutions prises à Vizille ? Les États-Généraux avaient déjà été réclamés par tous les parlements, le libre vote de l'impôt, la liberté individuelle proclamés dans toutes les remontrances. Les mots sont les mêmes, les idées semblables. D'où vient le retentissement prolongé et la puissance incomparable de l'explosion.

Assurément, la hardiesse de la convocation n'y fut pas étrangère. Dans une société et au milieu d'institutions vieillies, à l'heure où souffle un vent d'innovation, quand l'attention publique est fatiguée de conflits dont elle a lu sans cesse le récit, dont elle connaît l'origine et prévoit le dénoûment, il arrive une heure où le besoin d'incidents imprévus s'empare des esprits. En 1788, l'ancien régime était las des vieilles formes, mais n'osait pas encore l'avouer. Il lui fallait des nouveautés sous le masque de la tradition. La résurrection des États d'une province s'assemblant pour supplier le roi de rétablir les États-Généraux convenait au tempérament de la France. La forme adoptée par les Dauphinois était donc propre à leur concilier la sympathie publique.

Ils invoquaient le passé et jouaient pièce au ministère. Double motif pour les rendre populaires ! La France se demandait d'ailleurs comment elle pourrait exercer sur le roi une pression décisive, quel levier nouveau elle pourrait employer. Elle était alarmée, inquiète et impatiente. L'initiative hardie des gens de Grenoble était faite pour la satisfaire.

Si la forme seule de l'Assemblée de Vizille expliquait son succès, l'émotion des contemporains ne mériterait pas de nous arrêter longtemps. C'est le fond même des résolutions adoptées qui fait comprendre le bruit public et justifie l'efficacité des arrêts.

Il y a des idées qui remuent un temps et que, par la suite, l'assentiment public rend banales.

Ce sont les plus grandes et c'est leur honneur d'entrer, après avoir fait grand bruit par le monde, dans ce fond d'idées reçues qui forme le sens commun. La première fois où elles sont émises, elles passionnent les hommes. A la veille de la Révolution, le particularisme dominait chaque fraction du territoire, chaque compagnie, chaque corporation. En protestant contre la cour plénière, il n'y avait pas de parlement ou de province éloignée du centre du royaume qui ne fît valoir d'antiques privilèges et ne rappelât à quelles conditions spéciales avait été établi le contrat qui la liait à la couronne. L'amour de la patrie était profond, il faudrait ignorer l'histoire pour le faire dater de la Révolution; mais l'unité de la France, l'égalité des provinces entre elles, la similitude des droits, est un fait assez récent qui a sa date. Notez que chaque privilège avait pour effet de faire retomber sur une province voisine une charge plus lourde, d'où il suit que la province la plus privilégiée était tout naturellement la plus enviée.

C'est au milieu de ce croisement d'égoïsmes, de défenses locales, de vues étroites, de mesquines jalousies, que, tout d'un coup, la province du Dauphiné, privilégiée entre toutes, liée au roi par un contrat personnel, comme la Bretagne ou le Béarn, élève la voix pour abdiquer spontanément. En présence des maux de tous ses voisins, elle épouse généreusement leur querelle « et prêche par son exemple la croisade où la France entière s'enrôlera sous la bannière du droit commun. Comment s'étonner qu'une longue acclamation lui ait répondu (1)? »

L'unité du royaume était l'objet de tous les vœux. L'auteur des arrêtés en trouva l'expression. En traduisant les sentiments de ce temps, il aurait pu donner à la même pensée des formes bien différentes. Toutes les passions qui bouillonnaient alors dans les âmes contenaient ce mélange de bien et de mal inséparable de la condition humaine. Le mérite et l'honneur de ceux qui sont dignes de conduire les hommes est de savoir les mener par leurs vertus et non par leurs vices. Observez de près l'histoire : il y a des courants supérieurs qui entraînent les destinées d'un peuple. La nation veut son unité, la tradition l'impose. Est-il indifférent que, pour la constituer, Dieu ait donné à la France un Louis XI ou un Henri IV? Le but est le même; langage, moyens, parole et politique, tout diffère.

(1) L. de Lansac de Laborie, *Mounier*, p. 20.

Plus on pénètre les secrets des événements et plus paraît décisive l'action personnelle des hommes. Je ne parle pas seulement des rois, des généraux victorieux et des grands ministres. Pour eux, le fait est trop certain, et le nier serait un paradoxe. Je veux parler de Mounier et de la Révolution dauphinoise en 1788. Il est certain qu'au lendemain de la « Journée des Tuiles, » il y avait en germe des colères, des haines entre les classes, une irritation légitime contre la cour ; faites naître à Grenoble tel juriste à l'esprit envieux, mettez-le dans le Corps de ville, l'appel aux communautés respirera la haine ; l'assemblée de la province portera dans ses arrêtés le reflet des passions qui divisent et qui bouleversent l'Etat.

Grâce à Mounier, il n'est pas une ardeur qui ne soit généreuse, pas une page tombée de sa plume qui ne fasse appel à des sentiments élevés. Trop souvent, en des temps de troubles, l'audace fait la gloire. Là, ce fut la sagesse. Ses écrits ont passé dans toutes les mains. Pourquoi les Français n'en ont-ils pas gardé et pratiqué les enseignements ? Entre les lignes apparaît un tel enthousiasme, une confiance si éclairée dans le succès, l'auteur montrait si bien les principes du gouvernement pondéré, le rôle du roi investi du pouvoir exécutif, l'action modératrice des deux Chambres exerçant le pouvoir législatif, et ces progrès marquant en quelque sorte le réveil de nos institutions nationales, que, malgré nos douleurs et nos déceptions, on se sent entraîné par la lecture de ces exhortations d'une âme pure et d'un vrai patriote.

Mounier a fait à son image l'assemblée de Vizille. L'un et l'autre ont contribué à donner à leur temps son caractère. En lui, se résume toute l'inspiration de 1788. C'est qu'au fond le député de Grenoble est le modèle le plus accompli de ce bourgeois libéral qui voulait le contrôle, tout en étant très attaché au roi. Comme Masselin en 1484, comme Bodin en 1576, comme Etienne Bernard en 1588, comme Savaron en 1614, il personnifie toutes les aspirations du Tiers-Etat, mais, à la différence de ses devanciers, il n'est animé d'aucune des ardeurs jalouses qui ont aigri le Tiers. En lui fermentent toutes les passions qui ennoblissent l'âme, sans aucune de celles qui la rétrécissent ou la corrompent. Il veut le bien et ne hait personne. Il est réellement en cela l'homme de 1789, et deux ans plus tard, il aura disparu de la scène : il ne sera plus à sa place dans un monde nouveau fait de colères inassouvies, voulant à tout prix renverser, alors que rien ne mettait plus obstacle à la marche de la Révolution.

L'Angleterre est devenue libre parce qu'elle a eu beaucoup de Mounier. La France n'a pu encore asseoir chez elle la liberté parce qu'elle a rencontré peu d'hommes de la trempe du député de Grenoble, et qu'elle a écarté les vrais et rares citoyens qui étaient animés de son esprit.

V

Comment la Révolution devint violente

Pourquoi la Révolution, dont nous venons de lire le programme modéré, devint-elle en peu de temps si violente ? Les discours et les actes de 1788 étaient sages. Par quelle transformation toutes les propositions de 1792 furent-elles insensées ?

Ce n'est pas seulement là une question d'histoire : toutes les idées politiques qui depuis cent ans ont troublé le monde, toutes les maximes qui, aujourd'hui encore, sont le mot d'ordre de ceux qui montent à l'assaut de nos lois, ont été coulées dans un moule qui porte la même date. Il n'y a pas une des utopies, pas une des chimères menaçant l'existence des sociétés, qui n'ait pris naissance soit dans la Constituante, soit dans la Convention. D'où venaient-elles ? Comment, à peine aperçues avant la convocation des Etats-Généraux, ont-elles éclaté soudain pour envahir en un instant le domaine politique ?

Des esprits absolus, des écrivains d'un rare talent au service d'une logique à outrance, ont été les premiers coupables. Habitués aux spéculations de la philosophie pure, ils ont traduit les besoins immédiats de la société en abstractions, en lois universelles tirées d'un droit primordial, sans se demander si l'homme qui souffre, mis en présence de théories si nouvelles, ne serait pas saisi d'une fièvre d'émancipation qui le porterait à tous les excès.

Deux écoles se partagent le monde politique : l'une procède de l'histoire et respecte la tradition ; dans la voie qu'elle trace, elle décrit des courbes du plus large rayon et ne fait jamais d'angles. Pour assurer le succès de ses réformes, elle tient compte des éléments complexes qui composent les sociétés, ne s'arroge le droit de bouleverser ni les mœurs, ni les usages d'un peuple. L'autre a tous les défauts de l'esprit géométrique : elle soumet tout à l'analyse, accepte ou rejette les réformes, sans s'inquiéter du passé, sans mesurer le chemin qu'il s'agit de parcourir; dans sa marche, elle ne craint ni les bonds ni les secousses ; elle s'est formé un idéal auquel elle entend tout subordonner. Elle méprise ce qu'elle nomme les demi-mesures et dédaigne les atermoiements. Elle prétend faire table rase du passé et tout reconstruire suivant une méthode inflexible.

De cette seconde école sont sortis tous les révolutionnaires : ils n'avaient pas osé se mettre en avant à la première heure ; lorsque la convocation des États-Généraux eût été annoncée, quand le ministère eût excité les esprits en ouvrant, au sujet des formes des élections et des délibérations, le plus singulier concours public, les têtes s'échauffèrent. Il n'y eut pas d'écrivain, de donneur d'avis qui ne se crût obligé de publier une brochure ou un livre. Depuis l'invention de l'imprimerie, toutes les tenues d'États avaient été précédées d'un flot de publications ; dans l'hiver qui suivit la convocation, la France fut inondée par un torrent d'écrits de tous formats et de toutes sortes. La Révolution n'était encore que dans les têtes, mais elle les bouleversait.

Parcourez les titres, lisez les propositions : on ne se contente plus des États périodiques, du libre vote de l'impôt et de la liberté individuelle ; on ne cite pas seulement l'*Esprit des lois* : le *Contrat social* fait son entrée sur la scène politique: on passe subitement du gouvernement pondéré à la démocratie pure ; l'autorité des États n'y est pas soutenue au nom de l'expérience, avec le bon sens pratique des députés français aux États de Tours ou de Blois, comme la plus sage des garanties, comme la transaction la plus féconde. Le ton change : refaire la constitution du royaume sur de nouvelles bases, proclamer les droits des citoyens, reconnaître la souveraineté du peuple, voilà la phraséologie du temps. Le langage est nouveau, les idées sont plus nouvelles encore. On voit poindre la doctrine de l'égalité des hommes et monter à la surface toutes les rancunes qui fermentaient au fond du cœur des opprimés.

Attendez quelques mois de plus. Un hiver sans précédents a ajouté aux souffrances du peuple des rigueurs terribles ; les campagnes sont désolées, les paysans ruinés, menacés de famine ; la crainte des privations du lendemain redouble l'irritation ; la disette affole.

C'est au milieu de cette calamité publique qu'il faut dresser les cahiers de doléances. Jamais appel aux villages n'avait coïncidé avec plus de misère. Comparés aux cahiers du XVIe siècle, ceux de 1789 contiennent des cris de désespoir. Comment en aurait-il pu être autrement ? Tout d'un coup, les paysans, qui n'avaient aucune part aux affaires, sont convoqués au son de la cloche de la paroisse pour délibérer en assemblée générale. Sur quelle question ? Sur tous les griefs qu'ils peuvent avoir : sur les impôts trop lourds, sur les corvées trop dures, sur les abus exercés par les seigneurs, ils ont droit de proposer leurs remèdes, d'indiquer les réformes, de porter la main, s'il leur plait, sur la constitution de l'état.

Dans les villes, le même phénomène se produit : la populace n'avait pas encore pris part au mouvement. Frondeuse par goût, lâche par tempérament, elle avait toujours été contenue et ne songeait pas, quoi qu'on en ait dit, à se soulever. A plusieurs reprises, le parlement de Paris avait essayé de l'appeler à son aide. La basoche et la clientèle du palais avaient seules rempli les rues et les salles. La multitude n'avait pas remué. La cherté du pain, l'absence de travail, la misère, en un mot, fit descendre le bas peuple dans la rue : il y fit son apparition en avril 1789. Il n'en devait plus sortir pendant dix ans. Tandis que des bandes de vagabonds erraient sur les routes en demandant des vivres, forçaient les maisons isolées, entraient dans les fermes, arrêtaient les voitures de grains, à Paris, une manufacture était pillée et brûlée. L'excès des souffrances publiques donnait lieu, sur toute l'étendue de la France, aux mêmes scènes de désordres et de violences.

L'esprit de la révolution, qui avait soufflé d'abord sur les parlements, puis sur la noblesse, qui avait gagné, par les écrivains, la bourgeoisie des villes, s'abattit, à la suite de la disette, sur le peuple. Tout philosophique dans les classes élevées de la société, il devint naturellement grossier en traversant l'esprit de la foule. Au printemps de 1789, il n'y avait pas de provinces où le paysan, aigri par la misère et par la vue de ses propres doléances, ne fût plus excité contre les seigneurs qu'à aucune époque de l'ancien régime.

La monarchie avait traversé bien des années de disette, mais celle-ci n'était pas seulement la plus terrible. A l'heure où elle étendait ses privations sur tous les paysans du royaume, où elle atteignait les ouvriers des villes, où elle multipliait, avec le besoin, les atteintes à la propriété, les ressorts de l'état étaient tellement détendus que la maréchaussée était sans direction, la justice sans force, le gouvernement sans action efficace. Les vagabonds se réunirent, se formèrent en bandes ; on les appelait des brigands.

Vienne l'heure des émeutes, le parti révolutionnaire aura sous la main une armée !

C'est ainsi qu'en moins d'une année, les passions se développèrent. Comment cette transformation ne se serait-elle pas accomplie ? Une rencontre de circonstances sans précédents, des publications de toutes sortes réveillant les ardeurs populaires, des calamités inouïes décuplant les souffrances, la rédaction des cahiers apprenant aux moindres villages que tout dans l'état était remis en question, l'instabilité et les privations affolant les plus calmes, tel est le tableau fidèle de la situation du peuple dans les premiers mois de 1789.

Ce qui dominait malgré tout, c'était l'espérance. Tant de promesses ne pouvaient être vaines. Tous les abus découlaient de la constitution de l'état. N'allait-on pas tout sauver en la réformant ? D'obstacles, il n'en viendrait de nulle part. Les ordres privilégiés eux-mêmes n'avaient-ils pas réclamé les états ? La bourgeoisie serait le défenseur du peuple. Le doublement du tiers lui assurait la majorité, c'està-dire la toute-puissance. Le roi y prêtait les mains, puisqu'il acceptait le titre de restaurateur de la liberté. La rénovation était donc certaine. L'horizon des Français s'étendait avec leurs espérances. En se donnant une constitution, n'allaient-ils pas préparer celle qui assurerait le bonheur du genre humain ? On croyait marcher vers l'âge d'or. Plus les misères avaient été cruelles et plus l'optimisme était général.

Les états généraux s'ouvrirent sous cette impression ; à peine altérée par les hésitations de la cour, elle fut confirmée par la réunion des ordres, surexcitée par la prise de la Bastille, et portée à son comble par la nuit du 4 août. En sacrifiant sur l'autel de la patrie ses privilèges et ses droits, la noblesse se portait témoin des enthousiasmes auxquels nul n'échappait. Rien ne peut peindre cette « tempête de désintéressement. » Toutes les générosités de 1789 sont là.

Mais au lendemain, que d'imprudences ! Les utopies d'égalité envahissent l'esprit des constituants. La Déclaration des droits de l'homme, toute pleine des maximes d'une philosophie spéculative, est faite pour enivrer les foules. C'est elle qui contenait en germe l'égalité absolue, l'omnipotence du peuple ; bientôt la constituante repoussait les deux Chambres, entrait dans la voie qui menait à la constitution civile du clergé et suspendait les parlements. Elle rendait inévitable la succession de fautes qui devaient précipiter la France vers la Terreur.

VI

Comment quelques idées fausses ont préparé cent ans de Révolution

La Constituante fit plus encore, en nous léguant, à nous, ses héritiers, un siècle de révolutions. Tous les événements dont nous gémissons découlent de la même source, sont issus des mêmes idées fausses.

Souveraineté du peuple ! omnipotence d'une assemblée unique ! voilà les premières et les plus dangereuses utopies. Elles se tiennent intimement. Si le peuple est souverain, si ses délégués sont omnipotents, l'assemblée est investie d'une autorité sans bornes. Qui nous préservera des excès de pouvoir ? Un chef d'empire dont la puissance est sans limite révolte nos âmes ; nous protestons contre la tyrannie, parce qu'elle supprime notre initiative, nous enlève ce qui fait notre dignité et notre énergie.

Devant un souverain qui peut tout, l'individu est le jouet du caprice. Il a besoin de justice, et il est victime de l'arbitraire. Partout où s'est développée l'intelligence humaine, elle a lutté sans relâche contre toutes les formes de la servitude.

Qu'importe à l'individu opprimé que la toute-puissance soit exercée par un prince ou par une assemblée? César se proclame le délégué du peuple; les membres d'une assemblée unique et omnipotente s'en proclament les élus. Les effets sont les mêmes : inquiétude du lendemain, instabilité des institutions, menace des consciences, tout est semblable.

En vain objectera-t-on que l'élection fait de l'électeur le maître. Vérité théorique qui, si elle passait dans la pratique, aggraverait le mal. Dix millions de maîtres valent pour le désordre et l'anarchie dix millions d'esclaves : que dis-je? ils sont bien pires. Les esclaves peuvent être contenus par une main de fer qui maintient l'ordre; des maîtres auxquels on a répété qu'ils étaient souverains dans leurs comices, que la volonté populaire était la voix de Dieu, ne respectent ni barrières ni lois. Tout ce qui est délégué du peuple se croit investi de sa toute-puissance : l'assemblée peut tout, le conseil municipal peut tout, l'élu du peuple peut tout.

C'est la théorie du pouvoir illimité qui est mauvaise ; c'est elle qui vient en droite ligne de l'antiquité, qui a été enfantée par la république romaine, qui a animé les Césars, qui, ressuscitée dans Rousseau, a été inscrite dans la Déclaration des droits, qui a inspiré la Convention et Bonaparte et qui est l'évangile du radicalisme moderne.

Il n'est pas une des revendications des radicaux qui ne provienne de cette idée fausse, pas une de leurs victoires qui n'en découle. Pour assurer l'omnipotence de l'assemblée unique, les freins qui l'entravent doivent être brisés. Déjà ils ont paralysé l'action du Sénat en soutenant, contrairement au texte et à l'esprit de la Constitution de 1875, que les ministres n'étaient responsables que devant la Chambre des députés ; cela ne suffit pas : il faut détruire la Chambre haute, parce qu'elle rompt l'unité du pouvoir législatif. On invoque l'exemple de la Constituante, on écarte les fautes de la Convention, qui devraient dessiller les yeux. L'assemblée unique, voilà le but qu'assignent à leurs efforts les fanatiques de la souveraineté du peuple.

Le pouvoir exécutif doit être modifié. Présidence et ministères sont mal organisés. Le dernier président a occupé neuf ans cette haute charge, parce qu'il en avait jadis réclamé la suppression : déjà nous voyons les ambitieux proposer, comme un moyen de parvenir, la destruction de la présidence. En attendant, le radicalisme tient cette fonction pour une menace à la liberté. En vain lui fait-on observer que, depuis treize ans, il ne s'est élevé qu'un conflit aisément apaisé, que le *veto* suspensif inscrit dans la constitution n'a pas été exercé une seule fois, tandis que les Etats-Unis ne comptent pas le nombre de lois qu'a arrêtées le *veto*, bien autrement efficace, de leurs présidents (1). Aucun raisonnement n'apaise les radicaux. La vue d'un homme au sommet de l'Etat leur rappelle les institutions monarchiques. L'annihiler ne leur suffit pas : ils veulent le détruire.

A qui confieront-ils ses fonctions? Tout doit dériver de l'assemblée qui est dépositaire de la volonté du peuple. Est-ce aux ministres choisis par elle qu'ils remettront l'exercice de cette

---

(1) Voyez, dans la *Revue des Deux-Mondes* du 15 juin 1888, l'étude de M. le duc de Noailles. Le président Cleveland a usé, à l'égard de plus de cent bills, du *veto* présidentiel, et ses partisans en font un titre à sa réélection.

charge ? Non, les ministres rappellent, eux aussi, les institutions monarchiques. Des comités permanents exerceront les fonctions ministérielles. Les présidents de comités formeront entre eux une sorte de commission supérieure, souvent renouvelée, qui sera chargée de l'exécutif.

Délivrée d'une chambre haute, du président et des ministres, l'assemblée sera-t-elle enfin satisfaite de sa toute-puissance? Dans l'ordre politique, elle sera sans rivale, mais elle obéit au peuple : il est jaloux de tout ce qui n'est pas sorti de lui ; pour lui complaire, elle recommencera les fautes de la constituante. Elle s'en prendra à la justice : tenant l'indépendance du magistrat pour un outrage au peuple, elle soutiendra que le juge doit être élu.

Depuis le jour où les parlements ont été si imprudemment détruits sans que rien n'eût été édifié à leur place, combien d'organisations judiciaires la France a-t-elle connues? Magistrats choisis par le peuple, nommés par le pouvoir, institués par l'empereur, tous les systèmes ont été essayés tour à tour, sans qu'aucun fût à l'abri des épurations révolutionnaires ou impériales, caprices naturels du pouvoir absolu.

Définitivement confirmée dans les premières années de la Restauration, l'inamovibilité judiciaire, discutée mais non détruite, à chaque secousse politique, atteinte en la personne de quatre magistrats en 1851, n'avait pas été ébranlée. Le premier acte du radicalisme fut d'exiger une épuration, et, sous prétexte d'une réorganisation, six cents magistrats furent sacrifiés aux passions politiques (1). Un corps n'est jamais en vain décapité ; en perdant ses membres les plus honorés, son indépendance s'abaisse, ses mœurs déclinent. Vienne un nouvel effort du parti radical, et il n'aura plus pour le défendre une tradition de deux tiers de siècle. Il y avait deux moyens de briser l'indépendance des juges : les livrer au suffrage populaire ou les épurer pour les asservir. Le plan s'exécute peu à peu, au nom de la souveraineté du peuple.

De tous les aveuglements des radicaux, c'est le plus fertile en désordres. « L'indépendance du pouvoir judiciaire est plus nécessaire en une République qu'en une Monarchie. Une République sans un pouvoir judiciaire capable de mettre un frein aux empiètements, de protéger les libertés publiques et de donner force au droit, serait aussi chimérique et absurde qu'une so-

---

(1) Voir, dans la *Revue des Deux-Mondes* du 15 mars 1884, notre étude intitulée : *La Magistrature et la Démocratie ; une Épuration radicale.*

ciété organisée sans lois. Elle deviendrait une démocratie avec des pouvoirs sans limites, exerçant, par le moyen de ses gouvernants, un universel despotisme... Alors le gouvernement doit porter son vrai nom. Ce serait un gouvernement de tyrans, électifs il est vrai, mais de purs tyrans... Son caractère alternatif serait d'être un règne de terreur ou d'imbécilité. Il serait aussi corrompu que dangereux. » Qui s'exprime ainsi : Un démocrate américain qui explique, avec ces vues élevées, comment les auteurs de la Constitution ont fait de l'indépendance du pouvoir judiciaire, la pierre d'angle des Etats-Unis (1). Voilà comment on fonde une République sur la notion du droit, et non en sacrifiant la magistrature aux intrigues des courtisans de la popularité.

Ni la chambre haute, ni la magistrature ne sont l'objet des plus ardentes passions des disciples de Rousseau. Arrivons à ce qui deviendra pour ses héritiers le premier article de sa doctrine. Toute sa théorie de l'état repose sur l'unité. Par la souveraineté du peuple, il constituait déjà le despotisme. Par l'unité, il y aboutit avec cette logique impitoyable qui est la marque

---

(1) Story, *Commentaries on the constitution*, n° 1612.

de son esprit. « Les clauses bien entendues du contrat social, dit-il, se réduisent toutes à une seule : chacun de nous met en commun sa personne et toute sa puissance, sous la suprême direction de la volonté générale. »

Ainsi l'état est armé d'un pouvoir sans limites ; en dehors de lui, rien n'existe ; tout vient de l'Etat et dépend de lui ; l'individu disparaît, plus de famille, plus de propriété. Il n'est pas une thèse du socialisme moderne qui ne trouve sa formule dans les écrits du philosophe de Genève. En ne reconnaissant à l'homme des droits que pour les absorber aussitôt dans la plus monstrueuse création qu'eut imaginée un politique, Rousseau ne se bornait pas à confisquer l'initiative et la personne même du citoyen, il attaquait directement l'homme dans ce qu'il y a de plus intime, il prétendait régir la conscience.

Tout le mal, dit-il, vient du christianisme, « qui fit que l'état cessa d'être un. » — « Hobbes est le seul qui ait bien vu le mal, et qui ait proposé de tout ramener à l'unité politique, sans laquelle jamais état ni gouvernement ne sera bien constitué. » Il veut créer une religion civile, il a trop de respect pour la tolérance pour obliger le citoyen à l'adopter ; s'il s'y refuse, il le « bannira, non comme impie, mais comme insociable, comme incapable d'aimer sincèrement les lois, la justice, et d'immoler au besoin sa vie à son devoir. » Toute la théorie des religions d'état, des persécutions, des violences, sort de ces quelques lignes. Les auteurs de la Constitution civile ont voulu simplement obliger le clergé à obéir aux lois, ainsi que l'entendait Rousseau. Ils ont banni les prêtres insermentés comme insociables, ils se sont crus tolérants en pratiquant une intolérance révoltante. Pas plus que l'auteur du *Contrat social*, ils n'ont parlé de toucher à la doctrine. C'est le trait commun de tous ceux qui ont commis l'impardonnable imprudence de soulever des luttes religieuses depuis un siècle. Ni la Constituante, ni Napoléon aux prises avec le saint-siège, ni de nos jours, les radicaux, n'ont entendu porter atteinte à la religion; soumettre le clergé aux lois de l'Etat, telle était leur seule ambition, c'est le clergé qui était rebelle, il fallait que la force aidât à le rendre sociable.

Cette politique violente, dissimulée sous l'hypocrisie de la forme, convient tout particulièrement à nos mœurs civilisées. Nous professons un tel respect pour certains mots, la liberté de conscience est tellement populaire qu'on ne pouvait l'attaquer de front : il fallait trouver une formule nouvelle. Jacobins et radicaux l'ont découverte, s'en sont emparés et en ont fait leur instrument de prédilection.

Derrière le sophisme destiné à faire une si haute fortune, il est aisé de découvrir des haines; en vain Rousseau se prétend-il impartial et tolérant, il attaque à maintes reprises le christianisme, l'accuse de tous les maux, le déclare impropre à la société, soutient avec Bayle que « de véritables chrétiens ne formeraient pas un état qui pût subsister, » qu'ils ne peuvent être ni soldats ni citoyens. Voilà donc sa modération! il ne persécute pas la religion, il se contente de bannir les chrétiens, et il les charge de tous les maux. Que pourraient faire de plus les colères les plus violentes ? Vienne la Terreur, les paroles du philosophe se changeront en condamnations et feront couler des torrents de sang!

Ainsi l'omnipotence de l'état aboutissant au despotisme dans l'ordre politique, à la religion civile dans l'ordre spirituel, tout cela établi au nom du peuple, de par la volonté générale qui prime et qui étouffe l'individu, telle est la théorie du jacobinisme, renouvelée de nos jours par l'école socialiste. Elle apparut pour la première fois à la Constituante, dans l'automne de 1789, découvrant aux plus sages des horizons chargés de tempêtes. De toutes les conceptions de gouvernement, c'est la plus éloignée des faits, de la vérité et du caractère des hommes : elle investit en apparence le citoyen de tous les droits pour les lui retirer tous ; en donnant la toute-puissance au peuple ou à ses délégués, elle se trouve organiser ce qui est le plus contraire aux intérêts de la société, au développement d'une nation, aux besoins du travail : une perpétuelle instabilité.

Êtes-vous donc adversaire de la souveraineté du peuple ? — Oui, en tant qu'elle est omnipotente et personnifiée en un corps ou un homme.

Il n'y a pas ici-bas de souveraineté absolue. Il n'existe pas de pouvoir qui ait le droit de tout faire. Est-il tolérable qu'une Assemblée soit maîtresse de rétablir demain les lettres de cachet et les prisons d'État ; qu'elle puisse porter atteinte à la conscience et la violenter? Ne me dites pas qu'elle en sera incapable. Connaissez-vous le résultat des élections prochaines ?

Si l'omnipotence existe, où sera votre garantie? Une institution sans contrepoids perd tôt ou tard son équilibre. Il n'y a de constitution réglée que celle qui crée le contrôle et pose des limites à la toute-puissance. Lorsque j'entends le fondateur d'une grande nation dire au pouvoir législatif : « Vous ne voterez ni lois d'exception ni lois rétroactives; vous ne toucherez pas à la liberté individuelle, vous ne légifererez pas sur les matières religieuses, » et que je vois une cour suprême annuler la loi votée en violation de cette défense, je me dis que les Etats-Unis sont un peuple libre et que leur liberté possède une sanction.

Prétendra-t-on que le peuple américain ait moins de souci de ses droits que le radicalisme français ? Lisez son histoire et apprenez combien de fois, depuis un siècle, il aurait risqué de perdre cette liberté dont il est si fier, si sa souveraineté n'avait pas connu et respecté des bornes.

Il y a des heures décisives où l'imminence du péril doit stimuler tous les efforts. Nous nous occupons beaucoup, nous parlons sans cesse de l'instruction primaire. Tentons-nous ce qui convient pour développer l'éducation du pays ? L'ouvrier et le paysan français sont laborieux ; plus qu'en aucun lieu du monde, ils savent épargner. Ce sont de rares qualités bien propres à empêcher le découragement, et à réfuter d'avance les esprits légers qui parlent de décadence. Mais l'homme nouvellement instruit est présomptueux comme l'adolescent : il sait mal ou ne sait pas ; il aime les idées simples, et les adopte vite, parce qu'elles ressemblent à l'état de son cerveau. De là vient la propagande si rapide de l'école qui se prétend scientifique.

Les radicaux n'offrent au peuple que des théories absolues et très claires, où n'entre rien de complexe : ils lui parlent sans cesse de ses droits et de sa domination, se servent de la phraséologie révolutionnaire pour exciter son orgueil et lui donner une si haute idée de lui-même que la toute-puissance lui semble seule digne de lui. La foule les entend à demi-mot, s'éprend d'eux parce qu'ils la flattent. Elle ressemble à un enfant qui agit avant de réfléchir. Nous ne serons capables de liberté que si nous parvenons, suivant un mot profond, à apprendre au peuple à réfléchir avant d'agir.

VII

Quel est le véritable esprit de 1789 ?

———

Le despotisme du nombre, la notion de l'État absorbant l'individu et opprimant la conscience, un orgueil désordonné allumant la haine entre les classes, tel est le bilan des idées révolutionnaires.

Nous sommes loin du libre vote de l'impôt périodiquement débattu, de la division en deux chambres, de la liberté individuelle garantie, du gouvernement pondéré, en un mot, que souhaitaient Mounier et les Dauphinois en 1788. Ce sont les vrais, les immortels principes, les seuls qui aient fait le tour de l'Europe civilisée.

Tout ce que nous avons eu de sage et de modéré en ce siècle : hommes et gouvernements, en procède directement. Les chartes constitutionnelles nous assurant plus de trente ans de régimes libres, des orateurs comme Royer-Collard et Victor de Broglie, des ministres comme de Serres et Martignac, Casimir Périer et Montalivet, Thiers, Dufaure et Rémusat luttant à la fois contre les ultras de droite et les ultras de gauche, les uns soutenant, les autres fondant sur ce double effort un gouvernement libre, étaient inspirés par le véritable esprit de 89. C'est à ce foyer de lumières, d'ardeurs généreuses, d'éloquence au service du bon sens que nous devons réchauffer nos courages. Nous apprendrons des mêmes maîtres quelle tâche nous devons accomplir.

Le programme de 1788, dont nous essayons de tracer les lignes, est-il lui-même réalisé ? Nos mœurs publiques sont-elles en déclin ou en progrès ? Nous sommes-nous souciés de l'éducation politique de notre pays ? Avons-nous cherché les meilleurs moyens de faire entrer dans les Assemblées cette élite intellectuelle qui est seule capable de faire vivre un gouvernement libre ? La République a-t-elle institué, cent ans après la prise de la Bastille, quelque garantie de la liberté individuelle digne de *l'habeas corpus ?* A-t-elle aboli l'article 10 du Code d'instruction criminelle, arme de tous les despotismes, permettant toutes les violations des lois (1) ? A-t-elle ouvert un recours contre les abus de pouvoir ? A-t-elle mis un terme aux déclarations d'incompétence, à ces conflits négatifs entre l'autorité judiciaire et le Conseil d'État qui constituent de scandaleux dénis de justice ? N'a-t-elle pas, un siècle après les lettres de cachet de Brienne, à rougir de lois d'exception et d'un exil qui les rappelle ? Le libre vote de l'impôt, qui est le plus efficace de nos droits, est-il accompagné des plus sûrs moyens d'empêcher le désordre de nos finances, d'organiser le contrôle et d'assurer le meilleur emploi des deniers publics ?

Réalisons ce programme de réformes pratiques. Le véritable hommage, le seul digne de l'anniversaire de 1789, eût été, — non de soumettre aux délibérations des trente-six mille communes de France la forme du gouvernement, au risque de jeter dans les esprits, comme il y a cent ans, un trouble irréparable et de

---

(1) Une commission de jurisconsultes, instituée et présidée par M Dufaure en 1878, a proposé l'abolition de l'article 10 qui investit les préfets de la police judiciaire. Cet article est encore en vigueur, et, loin de l'abolir, on l'applique — comme sous l'Empire, — à des saisies administratives.

préparer l'avènement du plus formidable radicalisme, — mais de faire entrer dans notre législation inachevée ces lois de garantie, sanction efficace des libertés et des mœurs publiques. Voilà l'œuvre de salut par laquelle un peuple sage fête un glorieux anniversaire ! Le champ est assez vaste : il y a place pour toutes les bonnes volontés. Il faut les appeler sans distinction d'origine, et répudier, il n'en est que temps, les exclusions et les méfiances.

Après tant d'épreuves et de déboires, allons-nous recommencer les mêmes fautes ? Sommes-nous destinés à nous débattre éternellement dans une alternative qui nous rejette de l'abus de la force à l'abus de la liberté ? Vieillirons-nous, centenaires que nous sommes, dans une perpétuelle enfance, trébuchant d'étape en étape, n'ayant acquis aucune expérience, ni dépouillé aucun préjugé ?

Si les confiances trop aveugles de la Constituante, si les fautes de la Législative, si les crimes de la Convention, si l'incapacité du Directoire ne suggèrent aucune réflexion à nos contemporains, s'ils ont encore les yeux éblouis par les gloires de l'Empire, s'ils acceptent les jugements vulgaires, les phrases toutes faites d'une opposition aveugle sur l'économie sordide des gouvernements constitutionnels et sur la paix à tout prix, s'ils croient encore aux coups d'Etat et aux coups de force, s'ils pensent que les peuples ne peuvent se passer d'un maître, il faut refaire toute leur éducation, renouveler leurs idées, rectifier leurs erreurs, les ramener à l'histoire de 1788, leur montrer comment, en acceptant les préjugés, les idées fausses qui ont cours sur la Révolution française, ils ont confondu les deux esprits, les deux courants contraires, l'un conduisant au gouvernement pondéré, l'autre emportant la France vers le pouvoir absolu. S'ils ont cru, comme les jacobins et les émigrés, que les crimes de 1793 étaient la suite des maximes de 1788, qu'ils relisent plus attentivement l'histoire.

Notre génération n'a ni ces immenses espérances, ni ces bouffées d'orgueil qui ont pu aveugler les générations précédentes. Elle a subi trop de mécomptes pour n'être pas triste : elle est dans l'état d'âme qui prépare le mieux à comprendre les enseignements du passé. Elle serait inexcusable de n'en pas saisir les leçons. Les erreurs, les crimes commis de 1789 à 1800 se sont tous renouvelés : les mêmes faiblesses ont produit à deux ou trois reprises les mêmes malheurs. Dans nos annales d'un siècle, il n'est pas une faute qui ne se répète, comme pour rendre plus irréfutable chaque démonstration.

En voyant l'omnipotence d'une seule assemblée de 1789 à 1795, nous devons mettre au premier rang de nos maux la tyrannie d'une chambre sans contrepoids, se croyant tout permis.

En mesurant le rôle des sections et des districts, nous devons tenir pour un désordre les comités permanents qui dominent les députés, leur imposent de voter, de penser et d'agir et établissent, sans l'avouer, le pire des mandats impératifs.

La suppression des parlements, la refonte intempestive des tribunaux, qui a facilité l'anarchie, nous enseignent que, loin d'affaiblir les institutions judiciaires, un peuple libre a le devoir de constituer dans son sein une justice beaucoup plus forte qu'en une monarchie, afin de donner une sanction au respect des lois.

La constitution civile du clergé, les luttes du pape et de l'empereur, les persécutions impuissantes et taquines, nous apprennent que jamais, quel que soit le grief, quelle que soit la puissance d'un homme ou la passion des foules, il n'est permis à la politique de mêler à ses querelles les questions de conscience.

Enfin en présence de cette école d'immoralité ouverte depuis un siècle par l'instabilité de nos constitutions, pénétrons-nous de l'irrémédiable impuissance de ce que les hommes appellent la force. Elle crée des apparences, dresse des monuments sans assises et construit sur le sable. Les idées seules pénètrent et durent ; seules, elles poussent de fortes racines.

Il est de mode de vanter l'audace. On se rit des modérés et des patients ; c'est à eux qu'appartient le monde.

Les maximes posées par Mounier semblaient vaincues de 1790 à 1814. Elles sont toutes debout; elles ont fait le tour des sociétés ; elles gouvernent la civilisation humaine ; elles rendent possibles tous les progrès.

Les principes de ses adversaires ont versé le sang, troublé les âmes, déchaîné dix révolutions, n'ont triomphé un instant que pour soulever à jamais les remords et attirer les malédictions de ceux qui veulent les nations libres et respectées.

L'heure est décisive ! C'est au pays à juger. De toutes parts, les fous le pressent; les sages l'attendent. Fasse le ciel, qu'éclairée par les rudes leçons des cent années qui s'achèvent, la France, désabusée des théories et des systèmes, sache comprendre que la fermeté de caractère, l'esprit de suite, la vaillance dans la modération, les hommes passionnément raisonnables peuvent seuls sauver la liberté et défendre l'ordre contre ses plus dangereux ennemis : les héritiers des Jacobins et les coureurs d'aventures !

Imprimerie Breynat et Cie. — Grenoble.

www.ingramcontent.com/pod-product-compliance
Lightning Source LLC
LaVergne TN
LVHW022115080426
835511LV00007B/830